LOI
sur les Loyers.

CHAPITRE I.

Décrets Moratoires. — Locaux, Objets de la Loi.

Le régime des décrets moratoires qui ont accordé depuis la déclaration de guerre, des délais pour le paiement des loyers et la prorogation des baux à pris fin et est remplacé par la *loi promulguée le 12 mars 1918*, à laquelle sont maintenant soumis les propriétaires et locataires.

La loi dont il s'agit n'est relative qu'aux baux à loyer, c'est-à-dire à ceux concernant l'habitation, le commerce ou la profession. Ceux relatifs aux exploitations agricoles font l'objet de la *loi du 17 août 1917.*

CHAPITRE II.

Résiliation des Baux.
(Articles 2 à 13 de la Loi).

Sans préjudice des causes résultant du droit commun ou des conventions, les baux sont résiliables, ainsi qu'il va être dit :

1°) Lorsque le locataire a été tué à l'ennemi ou est décédé des suites de ses blessures ou de maladie contractée sous les drapeaux, la résiliation a lieu de plein droit sans indemnité sur la déclaration de la veuve, de ses héritiers en directe, ou à leur défaut de ses héritiers collatéraux, si ceux-ci habitaient ordinairement avec lui, les lieux loués. La déclaration doit être adressée au bailleur par lettre recommandée dans les 6 mois qui suivront le décès ou l'avis officiel du décès, et si le décès est antérieur au *12 mars 1918,* date de la promulgation de la loi, dans les 6 mois de cette promulgation.

La résiliation a lieu sans indemnité, à moins que le propriétaire établisse que sur la demande du locataire et pour sa convenance personnelle, il a effectué dans les lieux loués des travaux exceptionnels qu'il devait amortir pendant la durée du bail ; à défaut d'accord entre les parties, elle est déterminée par la commission d'arbitrage, en tenant compte de la situation de fortune des parties et de la plus value résultant des travaux faits.

2°) Dans les mêmes cas, la résiliation du bail peut, sous condition de la déclaration dont il est plus haut parlé et dans les mêmes délais, être prononcée par la commission arbitrale, sur la demande des autres héritiers du locataire ou ayants droit, avec ou sans indemnité.

3°) La résiliation peut-être prononcée sans indemnité, sur la demande de la femme, des enfants, ou à défaut des ascendants, des locataires appelés sous les drapeaux, dont le décès, sans avoir été officiellement constaté, peut-être présumé.

Elle peut l'être également au profit des autres ayants droit à la succession de ce locataire, avec ou sans indemnité.

La déclaration ou demande de résiliation de bail, doit être faite dans les 6 mois de l'avis donné par le Ministère de la Guerre, qu'il y à présomption du décès, ou dans les 6 mois de la promulgation de la loi, si l'avis de présomption de décès est antérieur.

4°) Lorsque tous les membres d'une société en nom collectif, ou tous les gérants d'une société en commandite simple, ont été tués à l'ennemi, ou sont morts de blessure ou de maladie contractée sous les drapeaux, le bail est résilié de plein droit, sur la déclaration du liquidateur, ou a défaut de liquidateur sur celle des héritiers.

Si l'un des associés en nom collectif ou en commandite, a été tué ou est mort des suites de blessure ou de maladie contractée sous les drapeaux et si son décès a entrainé la dissolution de la société, la résiliation du bail peut-être prononcée par la commission arbitrale sur la demande du liquidateur, ou à défaut de liquidateur sur la demande d'un ayant droit à la succession.

Dans le cas ci-dessus la déclaration doit être faite dans les 3 mois de l'avis officiel du décès du dernier sociétaire en nom collectif, ou du dernier gérant de la Société en commandite simple, ou si la Société est dissoute par le fait indiqué plus haut, dans les 3 mois de la dissolution de la Société. Si le décès ou la dissolution sont antérieurs à la *loi du 17 mars 1918*, les délais courrent de cette date.

LOI SUR LES LOYERS

LOI SUR LES BAUX RURAUX

DE CHASSE & DE PÊCHE

(Résiliation des Baux et Réduction des Fermages)

DÉCRETS SUR LA PROROGATION

DES BAUX A FERME

Résumé clair et précis à l'usage des Propriétaires

Locataires et Fermiers

Par **J. R.**, Magistrat.

=== ÊTRE UTILE ===

PRIX : 1 FRANC

Le Mans
GODFROY-BURON P. I. S.
Libraire-Editeur
6, Place de la Préfecture, 6
1918.

Dans tous les cas prévus sous cet article la résiliation aura lieu, suivant les circonstances avec ou sans indemnité.

5°) Si le locataire établit que, par suite de blessures reçues ou de maladie contractée ou aggravée sous les drapeaux, par suite de faits de guerre s'il n'est pas mobilisé, il n'est plus en état d'exercer la profession pour laquelle il avait conclu le bail, ou qu'il a subit une notable et permanente diminution de sa capacité professionnelle, la résiliation sera prononcée sur sa demande sans indemnité. Dans ce cas le locataire doit faire sa déclaration dans les 6 mois qui suivront sa mise en réforme, ou de la consolidation de son infirmité et si les événements sont antérieurs à la loi dans les 6 mois de la promulgation.

6°) Sont admis au bénéfice des dispositions qui précédent et dans les mêmes conditions, les veuves et héritiers des locataires, qui, sans être mobilisés, ont été tués en cours de faits de guerre, ou sont morts des suites de blessures ou de maladies, occasionnées par ces faits. La déclaration doit être faite dans les 6 mois de l'avis du décès, et si celui-ci est antérieur à la loi, dans les 6 mois de sa promulgation.

7°) La résiliation pourra être prononcée avec ou sans indemnité, sur la demande du locataire, qui justifiera que la guerre a modifié sa situation, dans des conditions telles, qu'il est évident que dans sa situation nouvelle, il n'aurait pas contracté. La demande du locataire devra être faite dans les 3 mois du décret fixant la cessation des hostilités.

8°) Elle pourra aussi être prononcée avec indemnité, à la demande du bailleur qui justifiera : 1° ou que le locataire emploie la chose louée à un autre usage que celui auquel elle a été destinée, et lui cause un dommage ; 2° ou que le locataire ne jouit pas en bon père de famille ; 3° ou encore que le locataire, non éxonéré par la loi, ne se conforme pas en ce qui concerne les paiements, aux décisions de la commission arbitrale.

9°) Le bail du locataire qui n'a pu emménager, du fait de la mobilisation est résilié de plein droit à la demande du locataire.

Nota. — Dans le cas de désaccord entre les héritiers et ayants droit, sur la demande en résiliation de bail, la commission arbitrale apprécie.

La demande en résiliation de bail de l'immeuble, ou s'exploite un fonds grévé d'inscription doit être notifié au créancier inscrit antérieurement. Le locataire devra produire à l'appui de sa demande un état des inscriptions pouvant gréver son fonds, ou un certificat négatif. Les créanciers pourront notifier leur opposition dans le délai de quinzaine, à la charge de déclarer qu'ils entendent continuer le bail et en assurer les charges à leurs risques et périls, pour parvenir à la résiliation dans les conditions prévues par la *loi du 17 mars 1909*.

La résiliation dans tous les cas devra être déclarée ou prononcée pour un terme d'usage, en observant les délais ordinaires des congés, sans que ces délais puissent excéder 3 mois. Toutefois la commission arbitrale peut ordonner la résiliation à partir d'une autre date.

CHAPITRE III.

Prorogation des Baux.
(Articles 56 à 59 de la Loi).

Tous les baux et locations verbales, sans exception en cours au 1er août 1914, seront prorogés à la demande du locataire, aux conditions fixées au bail et à compter du décret, fixant la cessation des hostilités, savoir :

1°) Ceux afférents à des locaux à usage commercial ou professionnel, d'une durée égale au temps écoulé entre le décret de mobilisation et le décret fixant la cessation des hostilités.

2°) Ceux afférents exclusivement à l'hospitalisation, d'une durée de 2 ans. Toutefois en ce qui concerne la catégorie des petits logements, c'est-à-dire ceux énumérés au Chapitre IV, et dont le locataire mobilisé sera resté plus de 2 ans sous les drapeaux, la durée de la prorogation sera égale au temps pendant lequel ce locataire aura été mobilisé.

3°) Ceux consentis entre le 1er avril 1914 et la date de leur mobilisation; au profit des locataires maintenus dans la vie civile par le décret de mobilisation, mais mobilisés postérieurement en vertus d'ordres individuels ; la prorogation a lieu dans les mêmes conditions que ceux indiqués numéro 2.

Dans le silence du bail, la commission arbitrale jugera si le bailleur peut se prévaloir du fait d'une modification survenue dans la nature du commerce ou de l'industrie pour se refuser à la prorogation du bail.

Sont exceptés des dispositions qui précèdent les locataires à l'égard desquels le bailleur pourra prouver devant la commission arbitrale, qu'ils ont réalisé des bénéfices exceptionnels de guerre, dans les conditions prévues par la *loi du 1er juillet 1916*. Dans ce cas la commission apprécie.

Les locataires mobilisés devront faire connaître leur volonté au bailleur, par acte d'huissier au plus tard dans les 3 mois qui suivront le décret fixant la date de cessation des hostilités.

Ceux non mobilisés devront faire connaître leur intention, au plus tard 3 mois avant l'expiration du bail. Si ce bail est expiré lors de la *loi du 12 mars 1918*, ou s'il doit expirer moins de 6 mois après cette loi, ils devront faire connaître leur intention 6 mois au plus tard après la date de la loi.

Le locataire verbal, admis à conserver la jouissance du local, pourra quitter les lieux pendant cette même période, en donnant congé conformément à l'usage.

(Voir en outre le Chapitre V).

CHAPITRE IV.

Exonération et Paiements des Loyers.
(Articles 14 à 17 de la Loi).

Sans préjudice des règles du droit commun et des conventions contenues dans les baux, il pourra être accordé pour la durée de la guerre et les 6 mois qui suivront la fin des hostilités, des réductions de prix, pouvant aller à titre exceptionnel, jusqu'à l'exonération totale, au locataire mobilisé, qui justifiera avoir été privé par suite de la guerre, soit des avantages d'utilité ou d'usage de la chose louée, soit d'une notable partie des ressources sur lesquelles il pouvait compter pour faire face au paiement des loyers.

Le locataire mobilisé est dispensé de cette justification ; c'est au propriétaire à établir que la mobilisation de son locataire, lui a laissé le moyen d'acquitter tout ou partie des loyers. La commission arbitrale doit tenir compte, pour admettre le droit à une réduction totale ou partielle, de l'ensemble des revenus du locataire.

Sont présumés remplir les conditions, qui viennent d'être indiquées et comme tels, totalement exonérés du paiement de ce qu'ils restent devoir sur leurs loyers échus et à échoir pendant la guerre et les 6 mois qui suivront, les locataires occupant des logements d'habitation, rentrant dans l'une des catégories ci-après, savoir : 1° ou bien mobilisé ; 2° ou bien réformé à la suite de blessures reçues, ou de maladie contractée ou aggravée à la guerre ; 3° ou bien attributaire, soit de l'allocation militaire, soit de celle de réfugié, soit des secours de chômage régulièrement organisés par les départements et communes, soit encore des secours permanents des bureaux de bienfaisance, ou encore inscrits sur les listes d'assistance dressées en exécution de la *loi du 14 juillet 1905,* savoir :

1°) A Paris, dans le département de la Seine et dans les communes de la banlieue, dans un rayon de 25 kilomètres des fortifications : logements d'un loyer n'excédent pas 500 francs, si le locataire est célibataire et 600 francs, s'il est marié.

2°) Dans les communes de 100.000 habitants et au-dessus, et dans les communes distantes de Paris entre 25 et 40 kilomètres, ayant plus de 2.500 habitants : logements dont le loyer n'est pas supérieur à 350 francs, si le locataire est célibataire et 400 francs, s'il est marié.

3°) Dans les communes de 20.001 à 100.000 habitants : logements dont le loyer n'excéde pas 250 francs, si le locataire est célibataire et 300 francs, s'il est marié.

4°) Dans les communes de 5.000 à 20.000 habitants : logements inférieurs à 150 francs, si le locataire est célibataire et 200 francs, s'il est marié.

5°) Dans les communes de 1.001 à 5.000 habitants : logements inférieurs à 100 francs, si le locataire est célibataire et 150 francs, s'il est marié.

6°) Et dans les communes de moins 1.000 habitants : logements d'un loyer n'excédant pas 75 francs, si le locataire est célibataire et 100 francs, s'il est marié.

Les chiffres ci-dessus sont majorés de 100 francs, par enfant de moins de 16 ans, ou autre personne à la charge du locataire et pour chaque fils ou membre de la famille mobilisé, qui habitait sous le même toit, dans les villes et communes indiquées sous les numéros 1 et 2 ; de 75 francs, dans celles indiquées numéro 3 ; et de 50 francs, pour les autres.

Toutefois ne profite pas de ces dispositions, les locataires mobilisés à l'égard desquels il sera justifié, qu'ils recoivent par suite de la mobilisation, un traitement, une solde, ou une rétribution supérieure d'un quart au traitement ou gain, à la rétribution ou au salaire qu'ils recevaient avant la guerre et pour toute la période de temps, pendant laquelle ils les recoivent.

Si les dits locataires n'ont été mobilisés que pendant une partie de la durée de la guerre, l'exonération de plein droit ne s'appliquera qu'à la période de temps pendant lequel ils auront été mobilisés.

De même, si les attributaires d'allocations ou secours, n'ont été admis que pour une partie de la durée de la guerre, l'exonération de plein droit ne s'appliquera qu'à cette période.

La prescription qu'un locataire attributaire de l'allocation militaire remplit les conditions voulues par l'article 14 de la loi, c'est-à-dire qu'il a été privé de tout ou partie de la chose louée et des ressources, sur lesquelles il pouvait compter pour payer son loyer, pourra être combattue par la preuve contraire, devant la commission arbitrale, excepté si le locataire peut invoquer des autres causes d'exonérations prévues par la loi.

Les locataires mobilisés affectés à des établissements industriels travaillant à la défense nationale, pourront se prévaloir de l'exonération de droit, du paiement de leurs loyers, en raison du taux et de la commune habitée par eux, ainsi qu'il est dit ci-dessus, s'ils sont occupés dans un établissement trop éloigné de leur domicile habituel, pour maintenir leur habitation dans les lieux loués, et s'ils ne reçoivent pas un traitement, un salaire ou une rétribution supérieurs d'un quart, à ceux qu'ils recevaient avant la guerre. Dans les autres cas, ils peuvent se prévaloir des autres dispositions de la loi.

Sauf, preuve contraire de la part du propriétaire devant la commission arbitrale, sont présumés remplir les conditions voulues par la loi, comme ayant été privé de tout ou partie des avantages de la chose louée et comme tels exonérés du paiement de ce qu'ils restent devoir sur leurs loyers, du 1er avril 1914 au 1er avril 1918 : les locataires mobilisés ou non, occupant des logements dont le prix est indiqué ci-dessus selon la commune qu'ils habitent et non exonérés de plein droit, pour la durée de la guerre et les 6 mois qui suivront le décret fixant la cessation des hostilités.

A compter, du 1er avril 1918, ces locataire seront placés sous le régime général établi par la loi, c'est-à-dire qu'ils ne pourront, pour refuser le paiement de leurs loyers, que se pourvoir devant la commission arbitrale pour demander une exonération totale ou partielle, s'ils ont été privés des avantages ou utilité de la chose louée, ou d'une notable partie des ressources sur lesquelles ils pouvaient compter pour faire face au paiement du loyer.

Dans tous les cas, il pourra être accordé au locataire suivant les circonstances, des délais pour se libérer.

CHAPITRE V.

Chiffre du Loyer.

(Article 33 de la Loi).

Pour la détermination du chiffre du loyer, dans tous les cas prévus par la loi, il n'est tenu compte que des prix du loyer en vigueur au 1er août 1914.

CHAPITRE VI.

Maintien des Locataires dans les Locaux.

(Article 18 de la Loi).

Pendant la période, pour laquelle l'exonération totale ou partielle leur est accordée pour le paiement de leurs loyers, les locataires sont maintenus en possession des lieux loués, sans préjudice de ce qui est dit au Chapitre III.

Seront également maintenus en possession des lieux loués, pendant la durée de la guerre et les 6 mois qui suivront, les locataires ayant obtenu des exonérations ou des réductions, à charge par eux de se conformer aux décisions rendues par la commission arbitrale, ou lorsque ces exonérations ou réductions résulteront d'accords intervenus librement entre les parties, aux conditions fixées par ces conventions.

Ces dispositions s'appliquent au cas de bail expiré ou non, ainsi qu'au cas ou la location est régie par l'usage des lieux.

CHAPITRE VII.

Interdiction de Poursuites.

(Articles 19 à 21 de la Loi).

Sont interdites pendant la durée de la guerre et les 6 mois, qui suivront toutes instances, toutes assignations, toutes procédures d'exécution à l'égard des locataires mobilisés.

En conséquence ceux-ci ne pourront être appelés devant la commission arbitrale, qu'à l'expiration du délais de 6 mois, à compter du jour ou ils auront cessé d'être présents sous les drapeaux. Toutefois ils pourront à toute époque, s'ils le préfèrent, demander à la commission arbitrale de statuer sur leur cas.

Ces dispositions sont applicables jusqu'a l'expiration des 6 mois, qui suivront la fin de la guerre :

1°) Aux veuves des militaires morts sous les drapeaux, depuis le 1ᵉʳ août 1914, ou aux membres de leur famille, qui habitaient antérieurement avec eux les lieux loués.

2°) Aux femmes des militaires disparus, dont la disparition a été officiellement constatée, ou aux membres de leur famille qui habitaient antérieurement avec eux les lieux loués.

3°) Aux personnes, parentes ou non, qui, antérieurement au 1ᵉʳ août 1914, vivaient habituellement dans les lieux loués avec le locataire mobilisé, et qui justifieront qu'elles étaient à sa charge.

4°) Aux militaires réformés, à la suite de blessure ou maladie contractée ou aggravée à la guerre.

Si le décès ou la mise en réforme est postérieur au 12 mars 1918, date de la promulgation de la loi, ou est survenu moins d'un an avant, le délai courra du jour du décès ou de la date de la mise en réforme.

Elles sont aussi applicables :

Aux femmes de citoyens français, retenus en pays envahis, internés en pays ennemis ou neutres, ou aux membres de leur famille qui habitaient antérieurement avec eux les lieux loués, jusqu'à l'expiration des 6 mois qui suivront leur libération.

Et aux sociétés en nom collectif, dont tous les associés, et les sociétés en commandite, dont tous les gérants sont sous les drapeaux.

CHAPITRE VIII.

Cautions. -- Principaux Locataires. -- Logeurs en Garni.
(Articles 21 à 22 de la Loi).

Les décisions rendues entre le bailleur et le preneur sont acquises de plein droit à la caution, ainsi qu'à celui ou à ceux qui, par suite de sous-location ou de cessions antérieures du droit au bail, sont tenus solidairement. Au cas de sous-location, le locataire principal pourra toujours mettre en cause, devant la commission arbitrale, le propriétaire et exercer à son égard les droits énumérés au Chapitre IV même en cas d'inaction du sous-locataire. Le même droit appartiendra à la caution en cas d'inaction du locataire cautionné.

Le locataire principal qui a perçu d'un sous-locataire, en tout ou en partie, le prix du loyer, en doit le montant au propriétaire, en déduction ou jusqu'à concurrence de sa propre dette sans pouvoir invoquer, pour le conserver, les avantages d'exonération, de réduction, ou de délais résultant de la loi. Si le locataire principal a négligé de verser au bailleur les sommes perçues du sous-locataire, il devra au bailleur un intérêt de 6 pour cent l'an, du jour du paiement par le sous-locataire.

L'obligation dont il vient d'être parlé ne s'applique pas aux logeurs en garni. Pour eux la commission arbitrale appréciera les réductions et exonérations qui peuvent leur être accordées, mais contre le paiement de la somme fixée par la commission arbitrale, ils ne pourront invoquer aucune des exceptions prévues par la loi.

Au cas de constructions sur le terrain d'autrui, le constructeur appelé devant la commission arbitrale, pourra mettre en cause le propriétaire du sol et demander une réduction de loyer.

CHAPITRE IX.

Privilège du Bailleur.
(Articles 23 et 24 de la loi).

L'exercice du privilège du bailleur peut être limité à une partie déterminée et suffisante du mobilier du locataire, mais le bailleur peut, si le locataire quitte les lieux loués avant le paiement des loyers encore dus, sans fournir une caution suffisante, réaliser le gage affecté à sa créance.

Ne peuvent être compris dans le gage au même titre, que les meubles, effets mobiliers, ustensiles et objets nécessaires au coucher et au travail du locataire et des membres de sa famille, les meubles, effets mobiliers, ustensiles et objets indispensables garnissant la salle à manger et la cuisine.

CHAPITRE X.

Loyers Payés.
(Articles 25 à 27 de la Loi).

Les sommes versées à titre de loyer d'avance ou de garantie se compensent de plein droit avec les termes échus pendant la guerre.

Il sera tenu compte par la commission arbitrale des loyers payés, depuis le 1er août 1914 et l'imputation en sera ordonnée, en tout ou en partie, soit sur les termes à échoir, soit sur ceux impayés.

Le paiement d'indemnités de résiliation effectué depuis le 4 août 1914, ne mettra pas obstacle à l'exercice des droits accordés par la loi et pourra donner lieu à répétition.

Il en est de même des jugements rendus postérieurement au 1er août 1914, et qui auront statué sur des demandes en paiement de loyers échus depuis la guerre. Toutefois les sommes payées ne sont pas restituables.

CHAPITRE XI.

Conventions des Parties.
(Article 28 de la Loi).

Toutes les stipulations contraires à la loi, antérieures à celle-ci, sont nulles et non avenues. Toutefois sont valables les conventions relatives aux baux intervenues depuis le 4 aout 1914, pourvu qu'il ne soit pas survenu depuis un fait nouveau, né de la guerre, qui ait modifié la situation du locataire.

Bien entendu sont valables les conventions intervenues depuis la loi.

CHAPITRE XII.

Commission Arbitrale.
(Articles 34, 55 et 60 de la Loi).

Toutes les contestations auxquelles la loi peut donner lieu, sont jugées par une commission arbitrale, composée de deux propriétaires et de deux locataires, sous la présidence d'un magistrat ou d'un avocat.

En principe, il est établi une commission par arrondissement, elle siège au lieu indiqué par le Préfet.

Devant la commission, les parties peuvent se faire assister par un parent, un officier public ou ministériel. En cas d'excuse jugée valable, elles peuvent le faire par une des personnes qui viennent d'être désignées, mais si elles se font représenter par un parent, celui-ci devra être porteur d'une procuration légalisée, sur papier libre, non enregistrée.

Le Président de la Commission a, qualité pour autoriser la femme à défaut du mari.

Les décisions de la commission sont sans appel, mais peuvent être attaquées par la voie du recours en cassation pour excès de pouvoir ou violation de la loi.

Tous les actes de procédures et les décisions sont dispensés des droits de timbre et enregistrés gratis.

Toute personne qui désirera se prévaloir de la loi, devra s'adresser au Secrétaire de la Commission Arbitrale.

CHAPITRE XIII.

Indemnités aux Propriétaires.
(Articles 29, 30 et 63 de la Loi).

Les propriétaires dont les locataires auront été exonérés, en tout ou partie, du paiement de leurs loyers par la loi ou les conventions des parties pourront obtenir une indemnité de 50 pour cent, si leur revenu ne dépasse pas 5.000 francs, dans les communes de 100.000 habitants, 8.000 francs dans celles de 100.000 et au-dessus, et dans les communes distantes entre 25 et 40 kilomètres de Paris, et 10.000 francs à Paris, dans le département de la Seine et dans les communes de banlieue, distantes de 25 kilomètres au plus.

Les demandes d'indemnité devront être adressées au Directeur de l'Enregistrement, au plus tard dans l'année qui suivra la fin des hostilités.

CHAPITRE XIV.

Remise d'Impôts.
(Article 31 de la Loi).

Toute réduction ou exonération de loyer, prononcée par la loi, la commission d'arbitrage ou accordée par le propriétaire, entraînera sur la contribution foncière et celle des portes et fenêtres une remise proportionnelle à la perte du revenu.

La demande doit être faite au Sous-Préfet ou au Préfet au chef-lieu d'arrondissement, au plus tard dans les 3 mois qui suivront la date à laquelle la réduction ou l'exonération de loyer sera devenue définitive, et, pour celles antérieures à la loi, dans les 3 mois de sa promulgation.

CHAPITRE XV.

Dettes Hypothécaires.
(Article 32 de la Loi).

Au cas où, par le fait de la guerre, le propriétaire se trouverait privé d'une notable partie des ressources sur lesquelles il pouvait compter pour payer ses dettes hypothécaires, la commission arbitrale peut, sur sa demande, lui accorder des délais.

CHAPITRE XVI.

Bénéficiaires de la Loi.

(Article 62 de la Loi).

Sont seuls admis au bénéfice de la loi : 1° Les Français, les Alsaciens-Lorrains et les protégés français ; 2° Les citóyens et ressortissants des pays alliés ; 3° Et les étrangers qui seront admis à s'en prévaloir par un décret.

LOI
sur les Baux Ruraux.

CHAPITRE I.

Introduction.

Une loi du 17 Août 1917 a déterminé dans quelles conditions, par suite de la guerre, les fermiers peuvent demander et obtenir : 1º la résiliation de leurs baux ; 2º une remise ou reduction de fermage.

CHAPITRE II.

Baux soumis à la Loi.

Sont soumis aux dispositions de la loi, sans préjudice des règles édictées par le droit commun ou par les conventions :

1º Les baux antérieurs au 1ᵉʳ Août 1914,

2º Et ceux postérieurs au 1ᵉʳ Août 1914, au profit : 1º des réfugiés des départements envahis ; 2º des preneurs appelés sous les drapeaux en vertu des lois et décrets postérieurs au 1ᵉʳ Août 1914, ou par leurs ayants droit ; 3º par les engagés postérieurement au 1ᵉʳ Août 1914 ou par leurs ayants droit.

CHAPITRE III.

Résiliation des Baux.

En cas de décès du preneur d'un bien rural tué à l'ennemi, ou décédé des suites de blessures reçues, ou de maladie contractée ou aggravée sous les drapeaux, ses héritiers peuvent demander résiliation du bail, par une déclaration faite, d'une part, au bailleur, par lettre recommandée avec avis de réception ; d'autre part, au greffe de la justice de paix, où elle est consignée sur un registre et transmise au bailleur par les soins du greffe. Elle doit être faite dans les 3 mois de la loi, du décès ou de l'avis officiel du décès, mais sans dérogation à l'article 6 de la *loi du 18 juillet 1889* sur le bail à colonat partiaire.

La même faculté appartient au preneur, vis-à-vis du bailleur non mobilisé, lorsque, par suite de blessures reçues ou de maladie contractée ou aggravée sous les drapeaux, il a été placé dans la position de réforme et n'est plus en état de continuer l'exploitation des biens loués. En ce cas, la déclaration doit être faite dans les 3 mois de la loi ou de la mise en réforme.

Cette faculté existe encore dans les mêmes conditions : 1° pour le preneur, lorsque les blessures ou la maladie proviennent de faits de guerre, sans qu'il ait été présent sous les drapeaux, mais il doit justifier que ces faits l'ont mis dans l'impossibilité de continuer l'exploitation ; 2° pour la veuve ou les héritiers du preneur décédé par suite de faits de guerre, sans qu'il ait été sous les drapeaux. Le délai pour faire la déclaration est de 6 mois, et part, soit de la loi, soit, en cas de maladie ou de blessures, du jour ou l'incapacité est devenue définitive. En cas de décès, le délai n'est que de 3 mois à partir de ce décès.

Dans tous les cas ci-dessus indiqués, la résiliation a lieu de plein droit et sans indemnité. Toutefois, si le propriétaire établit qu'il avait effectué dans les lieux loués des aménagements exceptionnels qu'il devait amortir par le prix et la durée du bail, la commission arbitrale pourra, en tenant compte de la situation de fortune des parties, décider que la réalisation aura lieu moyennant une indemnité qu'elle fixera.

La résiliation a son effet à l'expiration d'un terme d'usage, en observant les délais ordinaires des congés, sans que ceux-ci puissent excéder une année.

La résiliation est prononcée sans indemnité sur la demande de la femme, des enfants ou, à leur défaut, des ascendants des preneurs appelés sous les drapeaux, dont la disparition a été officiellement constatée. La déclaration doit alors être faite dans les 6 mois de l'avis officiel de disparition ; si cet avis est antérieur à la loi, la déclaration doit être faite dans le délai de 6 mois de la loi.

Dans les 6 mois qui suivront le retour du preneur dans ses foyers après la cessation des hostilités, celui-ci pourra demander, par déclaration faite ainsi qu'il est dit plus haut, la résiliation du bail, à charge par lui d'établir, en cas de contestation, que par suite de blessures ou de maladie contractée sous les drapeaux, ou de faits de guerre, sans qu'il ait été sous les drapeaux, il n'est plus en état de continuer l'exploitation ; la résiliation a lieu sans indemnité, sauf le cas des travaux exceptionnels faits par le propriétaire ; alors la commission arbitrale apprécie.

CHAPITRE IV.

Réduction des Fermages.

Tout preneur de bien rural, même non mobilisé, pourra, dans les mêmes formes, que pour les demandes en résiliation de baux et indépendamment des cas de résiliation prévus par le droit commun, et par la loi dont il s'agit, obtenir une remise ou réduction sur les fermages et redevances, échus pendant la guerre et dans l'année qui suivra, s'il a subi, du fait de la guerre, des pertes entraînant un déficit dans l'ensemble de son exploitation.

CHAPITRE V.

Métayage.

Tout ce qui est dit ci-dessus, est applicable au colonat partiaire ou métayage, sans préjudice de l'article 6 alinéa 2 de la loi du 18 Juillet 1889, en tant qu'elles auraient pour effet de mettre fin au bail à une date antérieure à cette fin, ainsi qu'il est dit plus haut.

CHAPITRE VI.

Baux de Pêche et de Chasse.

Les dispositions de la loi sont applicables aux baux de pêche et de chasse, ainsi qu'à toute location consentie à des particuliers ou à des sociétés de pêche ou de chasse sur les fleuves, rivières, canaux quelconques et sur les ruisseaux, lacs, mares et étangs.

En outre la durée des amodiations de pêche, pourra être prorogée, aux conditions des dites amodiations, pour un délai qui ne pourra dépasser la durée des hostilités. Cette prorogation sera accordée par la commission arbitrale.

CHAPITRE VII.

Conditions contraires à la Loi.

Les clauses du bail contraires à la loi ne font pas obstacle à ce qu'il soit résilié sans indemnité et ne peuvent avoir pour effet de retarder l'époque ou il prendra fin ; mais cette condition ne s'applique qu'aux baux indiqués Chapitre II.

CHAPITRE VIII.

Procédure. — Commission Arbitrale.

Toutes les contestations auxquelles la loi donnera lieu, seront jugées par une commission arbitrale, présidée par le juge de paix du canton et composée de deux propriétaires et de deux fermiers.

A défaut, par le propriétaire, de contester dans le mois de la réception de la lettre recommandée, ou de la déclaration au greffe, la demande de résiliation faite par le preneur, cette résiliation est acquise à ce dernier. En cas de contestation, il est procédé par le juge de paix à une tentative de conciliation, en cas d'insuccès la commission arbitrale statue.

Les parties doivent se présenter en personne devant la commission arbitrale ; elles peuvent se faire assister d'un parent, d'un avocat ou d'un officier ministériel. En cas d'excuse valable, elles peuvent se faire représenter par les mêmes personnes ; celles, autres que les avoués doivent être porteur d'un pouvoir légalisé sur papier non timbré, ni enregistré.

Les intéressés qui veulent se prévaloir de la loi, et avoir recours à la commission arbitrale, doivent s'adresser au greffe de la justice de paix, de la situation de l'immeuble.

CHAPITRE IX.

Interdiction de Poursuites contre les Mobilisés.

Sont interdites sous réserve des dispositions indiquées Chapitre III, pendant la durée des hostilités, toutes instances, toutes procédures d'exécution à l'égard des fermiers, métayers ou preneurs de biens ruraux mobilisés.

DÉCRETS
sur la Prorogation
des Baux à Ferme.

La prorogation des baux ruraux a été réglementée par divers décrets ; le dernier est en date du 9 novembre 1917. Il est bien probable pour ne pas dire certain, que ces décrets seront renouvelés jusqu'à la fin de la guerre.

En vertu du dernier décret, sont prorogés de plein droit, d'une année, les baux à ferme, qui ont pris fin, en vertu de convention, ou d'une précédente prorogation, du 1er Janvier 1918 au 30 Juin suivant, lorsque le fermier a été mobilisé, si celui-ci, ou à son défaut l'un des membres de sa famille participant à l'exploitation de la ferme, le demande, par une déclaration faite 60 jours avant l'expiration du bail : 1° au propriétaire par lettre recommandée, avec avis de réception ; 2° au greffe de la justice de paix, où elle est consignée sur un registre.

Le Juge de Paix peut, en cas de circonstances reconnues exceptionnelles, relever le fermier de la déchéance encourue pour n'avoir pas fait les déclarations dans le délai prescrit.

Le fermier ou métayer dont l'entrée en jouissance est retardée d'une année par suite de la prorogation du bail dont il vient d'être parlé, a la faculté de continuer à jouir pendant ce laps de temps aux mêmes conditions de la propriété qu'il devait quitter.

Les mêmes règles sont applicables aux fermiers et métayers qui, par suite de l'exercice de la faculté dont il vient d'être parlé, se trouvent par voie de repercussions successives dans l'impossibilité de prendre possession des lieux loués.

Lorsqu'un fermier ou métayer différera son entrée en jouissance par suite de la prorogation de bail, au profit du mobilisé, ainsi qu'il est dit ci-dessus, le bailleur pourra provoquer la résiliation du bail, qui se produira de plein droit sans indemnité, à charge par lui, d'en faire la déclaration, d'une part au preneur par lettre recommandée avec avis de réception, d'autre part, au greffe de la Justice de Paix, 3 mois au plus tard après la date à laquelle devait avoir lieu l'entrée en jouissance.

Paiements des Fermages.

Nous croyons devoir faire remarquer qu'aucune loi ne dispense les fermiers de payer leurs fermages, ou ne proroge les époques de paiement ; tous, mobilisés ou non, doivent donc payer leurs fermages aux époques convenues, mais notamment la loi sur les baux interdit toutes poursuites contre les mobilisés.

J. R.

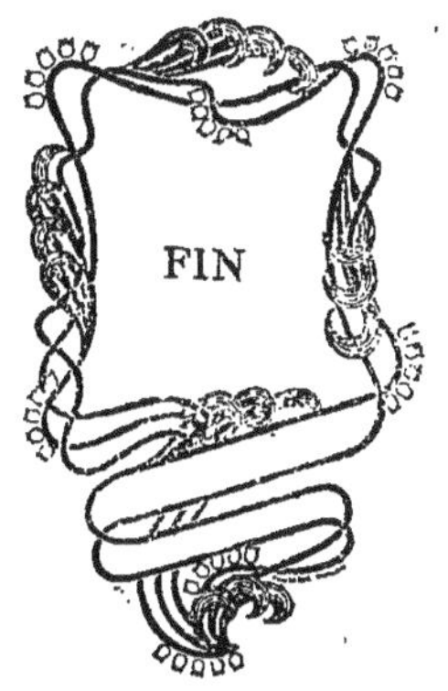